OPPORTUNISTES

ET

INTRANSIGEANTS

PAR

DEDIEU JEUNE

Maire de Villeurbanne

Prix : 25 Centimes

EN VENTE
CHEZ TOUS LES LIBRAIRES

Août 1882

OPPORTUNISTES

ET

INTRANSIGEANTS

OPPORTUNISTES

ET

INTRANSIGEANTS

PAR

DEDIEU JEUNE

Maire de Villeurbanne

EN VENTE
CHEZ TOUS LES LIBRAIRES

Août 1882

OPPORTUNISTES

ET

INTRANSIGEANTS

En relisant avec attention les pages admirables de notre immortelle Révolution, les réflexions profondes des penseurs les plus distingués, on reconnait aisément que l'attentat du Dix-huit Brumaire a été singulièrement facilité par nos discordes civiles.

Rappelons brièvement les phases diverses qui ont marqué cette grande époque :

L'Assemblée Nationale, désignée, plus tard, en raison de ses travaux, sous le nom d'Assemblée Constituante, avait eu l'ancienne organisation féodale à détruire et une nouvelle constitution à rédiger.

L'Assemblée législative fut ensuite nommée pour faire respecter cette constitution que le roi lui-même avait juré de défendre. Après un essai de quelques mois, instruite des trahisons de la Cour et de sa complicité avec l'Europe coalisée, elle déclare l'incompatibilité du roi avec les Institutions nouvelles, suspend Louis XVI et la Constitution et se démet le 20 septembre 1792.

La Convention, qui succéda à l'Assemblée législative, trouva donc un roi détrôné, une Constitution annulée et la guerre déclarée à l'Europe ; et, pour toute ressource, un papier-monnaie discrédité.

Sans s'épouvanter un seul instant, elle se met résolûment à l'œuvre et, pour se fermer toute retraite, elle immole le roi et proclame la République à la face des armées ennemies.

Puis, elle s'empare de tous les pouvoirs, se constitue en dictature et engage alors avec toutes les nations coalisées la guerre la plus terrible dont l'histoire fasse mention.

Toujours héroïque au milieu des plus grands dangers, elle rédige une Constitution républicaine et, le 26 octobre 1795 (4 brumaire an IV), à deux heures et demie, après trois ans et trente-cinq jours de lutte avec l'Europe, avec les factions, *avec elle-même*, après la promulgation de plus de huit mille décrets, haletante et mutilée, elle déclare sa mission remplie, sa session terminée, et transmet au Directoire la France libre, victorieuse et considérablement agrandie.

Cette révolution sanglante qui, en quelques années, avait dévoré plusieurs générations d'hommes de génie en tout genre, paraissait donc terminée ; on espérait pouvoir enfin, sous ce gouvernement régulier, goûter les douceurs d'une paix si chèrement achetée.

En effet, dès que les dangers furent passés et la République triomphante, les esprits les plus sages songèrent à consolider les conquêtes de la Révolution.

Convaincus que si le système des persécutions avait eu ses jours de nécessité, on ne pouvait en faire un mode de gouvernement, ils pensaient que le moment était enfin venu de donner à notre malheureux pays cette sécurité dont il avait tant besoin : mais les forcenés, *toujours mécontents* de tout ce qui existait, voulaient encore détruire et détruire toujours.

Placé entre deux partis puissants, le parti démocratique et le parti royaliste, le Directoire se défendit par des mesures arbitraires, par des Coups d'Etat, surtout par le recours à la force armée, ce qui était toujours une cause de division entre les cinq Directeurs, et cette lutte dégénéra bientôt en une conspiration permanente.

Aussi, la désorganisation était complète sous tous les rapports ; partout régnaient le désordre et l'anarchie, l'horreur publique éclatait de toutes parts.

On craignait de voir se réveiller la fureur des partis, on n'espérait plus rien d'une Constitution constamment battue en brèche et la République semblait menacée d'une chute prochaine.

Pour dompter les factions, faire cesser l'agitation des disputes, la confusion des volontés, il fallait qu'une force surgit quelque part, et cette force, on ne pouvait plus l'espérer d'aucun parti, car ils étaient tous également usés et discrédités.

Au milieu de ce chaos, les yeux erraient sur les hommes illustres et semblaient chercher un chef

« Il ne faut plus de bavards, avait dit SIEYÈS, il faut une tête et une épée. »

* * *

Ces paroles furent couvertes d'applaudissements, et, déjà, l'on convenait tacitement que Sieyès serait *la tête* et Bonaparte *l'épée*.

L'enthousiasme pour la personne de ce jeune général était si unanime que son insatiable ambition ne fut pas même soupçonnée.

Telle fut l'origine du 18 brumaire.

* * *

Ce rapprochement m'a paru d'autant plus nécessaire, que la nation donne, en ce moment, des signes non équivoques de sa lassitude et de son découragement ; les électeurs se désintéressent de la chose publique et l'autorité, jusqu'alors exercée par des républicains, est reprise insensiblement et presque sans lutte par les ennemis de nos Institutions.

Il n'est que temps, croyons-nous, de réagir contre ces menées ténébreuses, contre ces insinuations perfides qui excitent les républicains *à se méfier les uns des autres*.

Déjà cette plaie sociale qui, naguère encore, n'exerçait ses ravages que dans certaines réunions publiques, déjà, disons-nous, cette plaie sociale vient de faire une bruyante irruption au sein même de notre Parlement, et cette Chambre, sur laquelle la nation avait fondé les plus belles espérances, qui avait été nommée pour constituer sur des bases solides le gouvernement républicain et spécialement pour affermir le pouvoir exécutif, cette Chambre, disons-nous, se consume en intrigues de couloirs, en stériles disputes, et, sur une ridicule conjecture, sortie de quelque officine des Jésuites, voue aux Gémonies, désigne aux défiances, aux animadversions des républicains les plus sincères défenseurs de la République, ceux qui par leur intelligence et par leur audace ont fait le siège de l'Empire et, plus tard, forcé les retranchements de l'*Ordre moral*, ceux, enfin, qui ont donné *le plus de preuves de patriotisme et de dévouement au pays*.

Malgré nous, nous évoquons la grande figure de Danton, sa fermeté, son génie, son audace, ses nombreux services, puis les basses accusations dont il a été victime, le refus de faire comparaître ses dénonciateurs, sa condamnation convenue d'avance et enfin sa mort héroïque, et nous nous demandons avec angoisse si ce sanglant souvenir de nos querelles de parti ne devrait pas être pour nous un salutaire enseignement.

Examinant ensuite ce qui se passe dans les hautes régions politiques, nous voyons avec une amère tristesse mêlée d'inquiétude que ceux qui ont le plus contribué au relèvement de la patrie, qui ont le plus aidé à consolider nos institutions et à propager les mœurs de la liberté sont aujourd'hui usés, discrédités, déconsidérés, au grand détriment de l'intérêt national et pour la mesquine satisfaction de quelques individualités ambitieuses et remuantes qui n'ont jamais rien fait qu'agiter le pays.

Autour de nous, dans le milieu où nous vivons, la bonne harmonie, qui,au lendemain de l'*Ordre moral* fit notre force, a cédé la place à l'envie, à la jalousie, à l'intérêt de clocher : on écoute les calomnies sans les contrôler, on condamne sans les entendre les hommes les plus dévoués. L'intérêt général n'est plus qu'un vain mot, les questions de personnes priment tout et, sans vergogne, on dénigre un fonctionnaire à l'occasion de tels et tels actes *qu'on eût applaudis* avec enthousiasme chez un autre.

Voilà, où, dans l'espace de moins de cinq ans, nous en sommes arrivés.

C'est dans notre désunion et non ailleurs qu'il faut rechercher la cause de cette indifférence qui comme un manteau de plomb pèse sur le corps électoral au point de l'étouffer : c'est encore là que nous découvrons l'embryon de ce découragement qui s'empare des esprits les mieux trempés et glace le dévouement des républicains les plus sincères, car en voyant les déceptions réservées à ceux qui remplissent le mieux leur mandat, on est fort peu tenté de leur succéder.

C'est à l'indifférence que nous devons nos défaites dans la Charente, dans l'Orne, dans le Gard, et, plus près de nous, dans une commune voisine de Lyon, à Ecully.

Un autre avertissement plus significatif encore se rencontre dans le chef-lieu de la Sarthe, au Mans, dans cette fière et héroïque cité qui, la première, au XIe siècle (1066) combattit pour ses franchises municipales, et qui, en 1882, dans un Conseil municipal, composé de trente-deux membres, ne trouve pas un seul républicain disposé à *accepter les fonctions de Maire.*

N'est-ce pas là le signe caractéristique, la preuve la plus évidente de ce découragement que nous signalons.

Mais, disons-le entre parenthèse, le Maire qui ne veut, en aucun cas et sous aucun prétexte, s'écarter de la vérité et de la justice, qui veut faire le bien public indépendamment des mobiles mouvements de l'opinion populaire et se tenir à l'écart des passions locales, ne doit chercher sa récompense que dans la satisfaction du devoir accompli. En acceptant une fonction publique *et non rétribuée*, il devait s'attendre à l'ingratitude des hommes, conséquence fatale, inévitable, des passions haineuses de l'esprit de faction et des caprices injustes d'un public inconscient.

* * *

On ne saurait le nier : Tant que le sort de la République fut incertain, que la nécessité du *Self Governement* fut mise en doute, tous les républicains surent écarter tout sujet de discorde, résister aux agents provocateurs : chacun fit preuve de modération, de patience, d'abnégation ; tous se sentaient constamment les coudes, le pouvoir et les honneurs n'excitaient aucune rivalité entre les citoyens ; il y avait, d'ailleurs, quelque péril à se mettre en évidence.

Quoiqu'il en soit, la crainte de nos ennemis affermissait dans notre parti la pratique de toutes les vertus ; on craignait de faire naître des inquiétudes, on évitait même de froisser certaines susceptibilités, on sentait instinctivement que la moindre imprudence, qu'une simple marque d'impatience pouvait tout remettre en question, tout compromettre, on pensait comme le bon Lafontaine que

> Patience et longueur de temps
> Font plus que force ni que rage

et l'on attendit pendant dix longues années, l'autorisation de célébrer la *Fête nationale*.

Mais dès que cette crainte salutaire qui nous unissait fut bannie des esprits, dès que la République fut proclamée, la sagesse fit place à *l'envie* et à la *jalousie*, mauvaises conseillères, et à *l'orgueil* qui accompagne presque toujours la prospérité.

Ainsi, la victoire est d'hier et, déjà, l'on oublie les souffrances passées, déjà l'on abuse de la liberté ; chacun, ne consultant qu'un étroit égoïsme, veut tout envahir, tout accaparer.

Et au lieu de cette cohésion dans laquelle nous puisions la force qui nous aidait si puissamment à vaincre les plus grandes difficultés, on voit se former plusieurs partis qui se disputent le pouvoir, et la République, tiraillée dans tous les sens, est mise en pièces.

On entend des sectaires incorrigibles qui prêchent l'assassinat et le vol et qui réclament, comme don de joyeux avènement, un tout petit à-compte de *cinq cent mille têtes !* ni plus, ni moins.

Ceux-là ne sont pas à craindre ; ils ne peuvent inspirer que de la pitié ou du dégoût.

Malheureusement, il existe deux autres camps bien distincts, composés, l'un et l'autre, des républicains les plus éminents, tous également animés d'un ardent amour de la patrie, qu poursuivent le même but et ne diffèrent que par le système, et qui cependant, pour le triomphe de leurs idées personnelles, se traitent en ennemis, se font une guerre acharnée, la plus coupable de toutes, parce qu'elle se fait aux dépens du pays et en présence d'une réaction toujours aux aguets, toujours prête à profiter de nos moindres fautes.

Ces deux camps, ces deux systèmes sont représentés par ceux qu'on nomme à tort les INTRANSIGEANTS (car les vrais intransigeants sont les *Collectivistes*, les *Marxistes*, les *Possibilistes* et *tutti quanti* du même acabit) et par les OPPORTUNISTES.

Les uns, les premiers, soit par tempérament, soit dans un but de popularité, réclament à la fois toutes les réformes, feignent d'ignorer que le degré de liberté d'un peuple doit être en proportion de son degré d'instruction, et veulent, brusquement et sans transition, faire passer notre société de l'état monarchique à l'état démocratique.

Entraînés par le courant des passions populaires *qu'ils subissent* au lieu de les diriger, ils se figurent qu'une compression faite dans le sens de leurs idées leur donnerait plus facilement gain de cause ; c'est une illusion contre laquelle proteste l'histoire de toutes les monarchies, contre laquelle proteste également l'histoire de l'église catholique.

C'est toujours par la compression que les unes et les autres ont opéré.

A quoi ont-elles abouti ?

Au résultat inverse de celui qu'elles cherchaient.

Les *opportunistes*, et nous sommes de ce nombre, voulant consolider la République par la bienveillance plutôt que par l'intimidation, sont convaincus que les principes ne sauraient, sans danger, être poussés aux conséquences extrêmes, et qu'il faut, pour leur application, un terrain préparé, des circonstances favorables sans lesquelles le principe, quelque légitime qu'il soit, ne saurait vivre ou produirait des résultats tout à fait contraires à ceux qu'on doit en attendre, ainsi que nous en avons un exemple dans la récente application du principe électif à la nomination des maires de chefs-lieux de canton, application qui a produit près de trois cents magistrats hostiles à nos institutions, alors que nous avons besoin du dévouement de tous pour surveiller l'exécution de la loi *sur l'enseignement obligatoire.*

Il n'était donc pas *opportun* d'appliquer ce principe et, n'en déplaise à nos amis trop impatients qui répudient et raillent la théorie de l'*opportunisme*, on ne peut nier que c'est l'*opportunisme* qui a fondé la République, laquelle ne peut s'élever que *graduellement* si l'on veut qu'elle soit *solide et durable.*

Nos contradicteurs sont de bonne foi, sans doute, mais ils ne s'aperçoivent pas que la théorie du *tout à la fois* est bien plus une chimère, une utopie que celle de l'*opportunisme.*

* * *

S'ils réfléchissaient aux travaux accomplis, à la marche du progrès à travers les siècles, à ces nombreux martyrs qui ont cimenté de leur sang chaque étape, ils reconnaîtraient que toute liberté arrachée par la force et la violence a bien vite été reperdue de la même façon, tandis que toutes celles qu'on a su conquérir par la patience, en préparant l'opinion publique, disons le mot, en choisissant le moment *opportun*, ont été définitivement et pour toujours acquises.

Pour s'en convaincre, il suffit de remonter le cours de notre longue et glorieuse histoire populaire et l'on y verra que tout progrès intéressant plus particulièrement la classe opprimée a soulevé, dès son origine, les plus violentes réclamations inspirées par l'obscurantisme toujours prêt à entrer en guerre contre les innovations les plus fécondes.

Que de tout temps, les réformes, même les plus utiles, ont eu pour détracteurs ceux qu'elles atteignaient *dans leurs privilèges et dans leur autorité*, mais qu'à toute époque aussi, elles ont été réclamées avec non moins d'énergie par certains esprits indépendants, par des hommes éclairés et vertueux, qui s'efforçaient d'abord de les faire accepter par l'opinion publique et qui ensuite attendaient patiemment l'*occasion favorable* de les imposer aux petits-fils de nos conquérants.

Conquérants !

Ce mot, à lui seul, ne vaut-il pas tout un poëme et ne renferme-t-il pas en soi le secret de toutes les souffrances d'un peuple opprimé, de ces longues et terribles luttes qu'ont dû soutenir nos aïeux.

En effet, si, laissant de côté cette longue période pendant laquelle l'ignorance et la barbarie triomphèrent du droit et de la justice, où les ténèbres s'étendirent sur toute l'Europe, où les sciences se réfugièrent à l'ombre des cloitres d'où elles furent tirées par des hommes illustres qui préparèrent et firent la *Renaissance et la Réformation*, si, disons-nous, l'on se reporte seulement à ce qu'était la France, il y a sept cents ans, on la trouve partagée, par *droit de conquête*, entre un petit nombre de familles qui possèdent la terre et gouvernent les habitants : le droit de commander se transmet alors de générations en générations avec les héritages ; les hommes n'ont qu'un seul moyen d'agir les uns sur les autres, la force ; on ne decouvre qu'une seule origine de la puissance, la propriété foncière.

Mais le clergé ouvre ses rangs à tous, au pauvre comme au riche, au roturier comme au seigneur, et celui qui eut végété comme *serf* dans un éternel esclavage, se place comme *prêtre* au milieu des nobles et souvent même va s'asseoir *au dessus des rois* : c'est le commencement de l'*égalité*.

La société devenant, avec le temps, plus civilisée et plus stable, les différents rapports entre les hommes deviennent plus compliqués et plus nombreux, le besoin des lois civiles se fait vivement sentir.

Alors apparaissent les légistes, et les fils de serfs viennent encore siéger dans la cour du prince à côté des hauts et puissants barons féodaux couverts d'hermine et de fer, *mais complètement illettrés.*

Certes, dès l'origine, les lois furent, il est vrai, toutes en faveur de ces derniers, mais il n'en est pas moins à noter que cette innovation était un heureux présage pour l'avenir, que le sentiment du bien et du mal, des droits et des devoirs de l'homme commençait à pénétrer dans les mœurs, et le chêne légendaire sous lequel, assisté des deux savants légistes, PIERRE DE FONTANES et GEOFFROY DE VILETE, LOUIS IX rendait la justice, en est la preuve éloquente.

Puis, les rois se ruinent dans de folles entreprises, les nobles s'épuisent dans les guerres privées, les roturiers s'enrichissent dans le commerce, et l'influence de l'argent commence à se faire sentir sur les affaires de l'Etat; c'est une nouvelle puissance qu'on méprise, il est vrai, mais qu'on flatte et avec laquelle il faut compter, parce qu'on en a besoin.

Le besoin d'argent, dit La Bruyère, *a réconcilié la noblesse avec la roture.*

Peu à peu, les lumières se répandent, on voit se réveiller le goût de la littérature et des arts ; l'esprit devient alors un élément de succès, la science, un moyen de gouvernement, l'intelligence, une force sociale ; les lettrés arrivent aux affaires et l'on voit baisser la valeur de la noblesse, à ce point qu'à partir du XIIIe siècle, il est permis d'acquérir un titre nobiliaire moyennant espèces sonnantes et trébuchantes ; c'est ainsi que l'*égalité* continue sa marche envahissante.

On voit, par cet exposé des faits saillants de notre histoire, que tout progrès, que toute concession a été l'œuvre du temps, d'une occasion favorable, d'un moment *opportun.*

Ainsi, il est arrivé quelquefois que, pour lutter contre l'autorité royale ou pour enlever le pouvoir à leurs rivaux, les nobles ont donné une puissance politique au peuple. De même, on a vu des rois faire participer au gouvernement les classes inférieures afin d'*abaisser l'aristocratie.*

Quand les rois ont été ambitieux et forts, ils ont travaillé à élever le peuple au niveau des nobles, et quand ils ont été modérés et faibles, ils ont laissé ce même peuple leur dicter des conditions.

D'autre part, les découvertes dans les arts, les perfectionnements dans le commerce et l'industrie devinrent autant d'éléments d'*égalité* parmi les hommes : l'invention des armes à feu *égalise* le noble et le vilain sur le champ de bataille, l'imprimerie offre d'égales ressources à leur intelligence, la poste vient déposer la lumière sur le seuil de la cabane du pauvre comme à la porte des palais et, de nos jours, la vapeur, l'électricité, le téléphone, féconds auxiliaires du mouvement civilisateur, unissent par des liens étroits les diverses nationalités et permettent d'espérer qu'un jour les peuples de notre globe seront embrassés *dans une immense association.*

* * *

De tout ce qui précède, il ressort clairement que, déjà, vers la fin du XVIIe siècle, une double révolution s'est opérée dans l'état de la société; le noble a baissé dans l'échelle sociale, le roturier s'y est élevé; l'un descend, l'autre monte. Chaque demi-siècle les rapproche et bientôt ils vont se toucher.

Colbert succède à Mazarin.

Et tandis que son maître se plaît à rabaisser outre mesure les nobles qui l'entourent afin de mieux se rehausser par le contraste, Colbert, fils de bourgeois, veut que la bourgeoisie s'élève avec lui, et comme la domination de la noblesse venait de ce qu'elle était propriétaire du sol, il donne une impulsion inaccoutumée à l'industrie et fournit, par là, à la bourgeoisie, le moyen de s'élever.

Toutefois, malgré le génie de Colbert, malgré l'ordre qu'il sut mettre dans les finances, malgré l'abaissement de certaines taxes, jamais la condition des habitants des campagnes n'a été aussi misérable que sous le règne du grand roi. Colbert, lui-même, en 1681, dut le constater dans un mémoire adressé à ce prince.

Voici, d'autre part, ce qu'à la même époque écrivait La Bruyère :

« On voit certains animaux farouches, noirs, livides et tout
« brûlés du soleil, attachés à la terre qu'ils fouillent et remuent
« avec une opiniâtreté invincible. Ils ont comme une voix
« articulée, et quand ils se lèvent sur leurs pieds, ils montrent
« une face humaine.

« Et en effet, ce sont des hommes.

« Ils se retirent la nuit dans des tanières où ils vivent de pain noir et de racines. »

Et cependant, l'idée ne vint à personne d'organiser la revolte ; c'est que le moment n'était pas *opportun*. On se ressouvenait de la révocation de l'édit de Nantes, on redoutait le caractère altier du Roi-Soleil.

Mais les exactions du cardinal DUBOIS, archevêque de Cambrai, l'homme le plus méprisable et le plus méprisé du royaume, et qui devint premier ministre par la faveur de PHILIPPE D'ORLÉANS, puis, les honteuses débauches de ce prince régent, les orgies de Louis XV, le Parc aux cerfs, le Pacte de famine, les lettres de cachet, vinrent mettre le comble aux misères de ce peuple infortuné.

« Sire, dit DE MALESHERBES, aucun citoyen, dans votre « royaume n'est assuré de ne pas voir *sa liberté sacrifiée à* « *une vengeance*, car personne n'est assez grand pour être à « l'abri de la haine du ministre, ni assez petit pour n'être pas « digne de celle d'un commis de ferme. »

Aussi, l'irritation croissait de jour en jour lorsqu'une injure qu'il reçut d'un grand seigneur, à la porte de l'hôtel Sully, vint révéler à VOLTAIRE, pour la première fois, de la manière la plus sensible, la plaie de la société au milieu de laquelle il vivait, et faire entrer dans son cœur le sentiment des misères qui résultent de l'*inégalité* entre les hommes, *inégalité* qu'il va désormais combattre toute sa vie.

Déjà J.-J. ROUSSEAU avait entrepris de relever la dignité humaine et, le premier, avait osé proclamer, en face du despotisme et de la théocratie de son temps, le grand principe de l'égalité ; c'est lui qui a ouvert les voies aux réformes radicales et préparé le triomphe de la liberté et de l'égalité.

A côté de ces deux puissants génies, on remarquait encore les MONTESQUIEU, les DIDEROT, etc., etc.

Bientôt, un vent de révolution souffle sur les villes et les campagnes, la nation se recueille dans l'attente d'évènements importants ; on se prépare à frapper un coup décisif, à s'affranchir pour toujours de cette aristocratie insolente et oppressive, de ce clergé avide qui persécute au nom de la dime.

Toutefois, nous tenons à le faire remarquer, on attendait.... *l'occasion favorable*.

L'avènement de Louis XVI devait la faire naître.

Ce monarque, en effet, n'avait rien d'un roi, pas même la dominatiou du regard, pas même l'attitude et le geste du commandement.

« *Revêtu de la majesté royale*, dit LOUIS BLANC, *il lui communiqua ce qu'il avait de vulgaire. En la personnifiant, il la perdit.* »

Sa démarche indécise, ses manières lourdes, la mollesse de sa physionomie, tout en lui révélait son règne et permettait de lire dans sa destinée.

On eut dit que dame nature, prenant enfin la défense de l'opprimé, avait d'avance dépouillé ce prince de tout prestige afin de mieux encourager les futurs élus de la place publique à porter la main sur lui.

Sa faiblesse de caractère l'exposait au mépris du peuple, l'honnêteté de ses mœurs, au mépris des grands : ses sujets désapprirent le respect.

Fils de bourgeois, il eut fait un bon père de famille ; héritier du trône, il dut expier les crimes de ses aïeux.

En vain, essayait-il d'impuissantes réformes : en vain, convoquait-il, en 1787, une assemblée de notables ; c'était trop tard pour conjurer la Révolution ; elle devait forcément passer d'un moment à l'autre dans le domaine des faits, c'est ce qui eut lieu en 1789 et le 10 août 1792 fut le dernier de son règne.

Puis, le 22 septembre de la même année, sa déchéance fut prononcée et la République proclamée.

Et dans cette même tourmente révolutionnaire s'abîma cette noblesse si arrogante, si fière de ses prérogatives, qui ne sut pas faire, en temps *opportun*, les concessions qui eussent pu la sauver.

Ainsi que nous l'avons déjà dit, l'Assemblée constituante eut donc à abolir tous les titres et privilèges et à proclamer les grands principes *de liberté et d'égalité*.

Connaissant l'orgueil humain et désirant attacher à sa fortune les plus influents de la nation, Napoléon Ier essaya bien de créer une *nouvelle noblesse*, mais ce fut en vain : *Venue par le canon, elle s'en alla en fumée.*

La *vieille noblesse* reparut, il est vrai, avec la Restauration, mais pour traîner piteusement ses vieilles défroques.

Ceux qui la représentent aujourd'hui ressemblent à ces vieillards qui regrettent leur passé, leur jeunesse perdue sans espoir de retour ; ils sont parmi nous comme un monument antique pour rappeler à la génération actuelle les luttes qu'ont soutenues ses ancêtres et pour faire mieux apprécier les bienfaits de l'*égalité* qu'on semble méconnaître et de la *liberté* dont quelques-uns font, hélas ! un si mauvais usage.

* * *

Ainsi, cette simple excursion dans le domaine du passé, en remontant à l'émancipation des *serfs*, aux croisades qui obligèrent les seigneurs à vendre *la liberté à leurs vassaux* pour fournir aux frais de leurs fanatiques et lointaines expéditions, nous montre qu'il a fallu près de *huit siècles* pour abolir tous les privilèges et proclamer enfin, à la face du monde, ces deux grands principes de liberté et d'égalité qu'on appelle les *droits de l'homme.*

Et aujourd'hui, quoiqu'on en dise, l'*égalité* n'est plus un vain mot : de nouvelles couches sociales ont remplacé les anciennes, et non seulement tous les Français sont égaux devant la loi, mais encore le fils du cultivateur, le fils du plus humble ouvrier tout aussi bien que celui du millionnaire peut, par son mérite, parvenir aux plus hautes dignités du pays.

Il en est de même de la liberté.

Tout Français est *libre*, mais, dit P. Bert, sa liberté doit non seulement *s'arrêter devant la liberté des autres* mais encore *ne jamais porter préjudice à personne.*

* * *

Toutefois, la société que devait créer la Révolution de 1789 n'existe pas; elle est encore à faire.

Ce que nous avons n'est qu'un ordre factice, superficiel, couvrant à peine l'anarchie et la démoralisation dont nous souffrons.

Serait-il vrai, ainsi que l'affirme DIDEROT :

Que la prospérité découvre les vices et l'adversité les vertus.

Nous serions tenté de le croire quand, nous ressouvenant des vertus qu'avaient nos pères, ceux qui, comme des *animaux farouches,* se retiraient la nuit dans des tanières où ils vivaient de *pain noir et de racines*, quand, disons-nous, nous voyons la société moderne, *comparativement si prospère*, en proie à toutes sortes de déchirements.

Mais non !

Nos discordes civiles ne sont que l'œuvre des éternels ennemis de l'humanité ; leur devise est toujours la même :

DIVISER POUR RÉGNER.

Et l'on voit des hommes ayant les mêmes intérêts, les mêmes devoirs à remplir, jouissant des mêmes droits, poursuivant le même but, des hommes absolument faits pour s'entendre, on les voit, disons-nous, s'épuiser dans une dissension continuelle.

Etrange anomalie !

La division des fortunes a diminué la distance qui séparait le riche et le pauvre ; mais en se rapprochant, ils semblent avoir trouvé des raisons nouvelles de se haïr, et jetant l'un sur l'autre des regards soit de terreur, soit d'envie, *ils se repoussent* mutuellement du pouvoir, le riche parce qu'il *redoute les excès* du pauvre et celui-ci, parce qu'il *ne croit pas* à l'équité du riche ; pour l'un comme pour l'autre, l'idée des droits n'existe point et la force leur apparaît, à tous les deux, comme la seule raison du présent et l'unique garantie de l'avenir ; chacun sent le mal mais nul n'a le courage ni l'énergie nécessaires pour chercher le mieux.

De là, l'étrange confusion dont nous sommes forcés d'être les témoins, confusion qu'entretiennent habilement les *ambitieux* et les *intrigants* afin de pêcher, tout à leur aise, *en eau trouble*, les places et les honneurs, *et il suffit, notez-le bien, d'un seul de ces intrigants pour mettre le désordre dans toute une commune.*

Celui-là, vous le voyez se faufiler partout, dans toutes les sociétés, *briguer la première place* afin de pouvoir mieux y remplir son rôle de désorganisateur.

Si le public était sérieux, il comprendrait que celui qui n'a pour vivre que le produit de son travail ne saurait convenablement s'occuper de tant de choses à la fois.

Et l'intrigant serait bien vite démasqué.

Si nous signalons les causes de l'anarchie, ce n'est point, ainsi qu'on pourrait le croire, par crainte de voir échouer la République contre les récifs, contre les écueils que nous découvrons et indiquons.

Non ! la République est établie pour longtemps et sur des bases solides.

Nous dénonçons les abus afin de les faire cesser dans la mesure du possible mais nous ne nous étonnons pas de ces abus ; c'est le contraire qui nous étonnerait, car nous ne saurions trop insister sur cette vérité : on ne transforme pas aisément une vieille société monarchique en société démocratique ; on ne change pas en quelques années les mœurs, les habitudes d'un peuple.

* * *

Mais, nous dira-t-on, vous nous montrez le mal, indiquez-nous le remède.

Il est dans l'éducation civique, dans la pratique sincère, constante, des *Droits* et des *Devoirs* de l'homme.

Droit et *Devoir* sont deux termes corrélatifs qui se limitent l'un par l'autre.

En effet, l'homme est libre et responsable moralement : à sa liberté répond le pouvoir, le *Droit* d'agir dans la plénitude de ses facultés ; à sa responsabilité, le *Devoir* de ne pas abuser de son *Droit*.

Il ne faut donc jamais parler des *Droits* sans parler des *Devoirs*.

En effet, le *Devoir* sans le *Droit* c'est l'esclavage : le *Droit* sans le *Devoir*, c'est l'iniquité ; mais le *Droit* avec le *Devoir* résument pour une nation *la vraie liberté*.

Dans une république démocratique, le peuple est à la fois

monarque et *sujet* ; il est *monarque* par ses suffrages qui sont ses volontés ; il est *sujet* en tant qu'il obéit et doit obéir aux lois qu'il s'impose.

La connaissance, l'amour et le respect des lois, toutes choses que Montesquieu nomme la vertu civique, sont donc essentielles dans ce gouvernement.

Malheureusement, de nos jours, tous veulent être le *monarque*, aucun le *sujet*.

Ce n'est qu'en donnant l'exemple de la concorde, de la sagesse, de l'obéissance aux lois, qu'on peut inspirer à certaines populations le respect du régime actuel, l'attachement à la République, tandis qu'en déconsidérant les agents du pouvoir, c'est le pouvoir lui-même qu'on discrédite et qu'on affaiblit.

Du reste, c'est l'éternelle tactique des Jésuites.

Ils savent que *le mépris de l'autorité* fait bientôt naître dans l'esprit du peuple, des idées de révolte qui conduisent fatalement à *l'anarchie* pour aboutir ensuite *au despotisme*.

Ne voit-on pas que depuis quelque temps, la nation se recueille, semble hésiter à poursuivre sa route, qu'elle manifeste une tendance à revenir en arrière comme si elle craignait de s'être trompée?

D'où viennent ses hésitations, ses craintes, disons le mot, ses reculades, car il faut bien l'avouer, aveugles ceux qui ne le voient pas, à chaque élection nouvelle nous perdons du terrain.

Ah ! c'est que la discorde est au camp d'Agramant et l'œuvre de désunion inutilement entreprise par la coalition réactionnaire, a été reprise par les républicains avec une ardeur sans égale, et cela, par divergence d'opinions, de systèmes ou par incompatibilité d'humeur, de tempérament; chaque chef de parti tient à faire prévaloir sa doctrine, et, malgré le désordre qui en est la conséquence, nul ne veut s'associer à une doctrine commune.

Les impatients, qu'on nomme à tort les intransigeants, parce qu'il n'est personne qui, dans certains cas, ne transige, les impatients, disons-nous, refusent d'admettre que le progrès puisse être l'œuvre du temps et veulent prendre des *bottes de sept lieues* pour faire de plus grandes enjambées; ils ignorent qu'en fait de réformes politiques, il vaut mieux ressembler à la lente et courageuse *tortue* qu'au *lièvre alerte mais insouciant.*

Les autres, les opportunistes, comme on nous appelle, élevés, dès le bas âge, dans l'amour de la patrie et de la République, initiés à toutes les phases heureuses ou malheureuses de notre immortelle Révolution, enflammés du noble désir de poursuivre résolûment l'œuvre de leurs ancêtres et d'éviter avec soin des excès qui, aujourd'hui, n'auraient plus les mêmes excuses, ceux-ci, disons-nous, qui ont sacrifié leur intelligence, leur argent, leur existence tout entière pour arriver à briser leurs chaines ne peuvent que gémir des efforts que font, pour en ressouder les anneaux, certains amis bien intentionnés, nous le répétons, mais imprévoyants et téméraires au point de *contracter alliance* avec nos plus irréconciliables ennemis.

On use d'invectives les uns contre les autres, soit dans la presse soit dans les réunions publiques ; on se traite avec dédain d'opportunistes ou d'intransigeants, et l'esprit de dénigrement s'évertue à défaire ce qu'avait fait la politique de concorde et d'union.

De là, une sorte d'indifférence, d'affaissement moral succèdant à des efforts vigoureux ; de là un relâchement de tous les ressorts de la vie publique tel que la conspiration se glisse sournoisement au milieu de cette nation devenue insensible, dont les cris d'indépendance, il y a un siècle à peine, ébranlaient le monde.

De là encore, toutes les irritations d'un vrai schisme politique.

Les électeurs ne sachant plus à qui se fier hésitent, et, dans la crainte de se tromper, *s'abstiennent de voter.*

Inconséquence funeste !

Les mêmes hommes qui n'hésiteraient pas *à descendre dans la rue* si le suffrage universel était menacé, se mettent inconsciemment à la remorque de ceux qui veulent le détruire.

Qu'on y prenne garde ! Qu'on se souvienne du *18 Brumaire !*

« Un peuple, dit J.-J. Rousseau, qui se désintéresse de la « chose publique est bien près de *devenir esclave.* »

* * *

C'est afin de réagir contre cette tendance dangereuse qui se manifeste dans le corps électoral, puisqu'une voix plus autorisée que la nôtre ne s'est pas encore fait entendre, que nous nous sommes décidé à publier cette brochure en faveur de laquelle nous demandons à nos lecteurs *indulgence* et *bon accueil.*

* * *

Hâtons-nous donc de ramener parmi nous la bonne harmonie, de rétablir cette concorde qui nous a soutenus pendant les mauvais jours et qui, ensuite, nous a aidés à vaincre.

Rallions-nous tous autour de ces deux mots magiques :

ÉDUCATION CIVIQUE.

Et dans quelques années, ainsi que vient de le prédire l'éminent Ministre auquel nous devons cette réforme, la plus considérable de toutes, dans quelques années, « lorsque toute la « jeunesse se sera développée, aura grandi sous cette triple « étoile de la gratuité, de l'obligation et de la laïcité, nous « n'aurons plus rien à craindre des retours du passé, car nous « aurons pour nous en défendre non seulement la fermeté des « citoyens, non seulement l'impuissance des anciens partis, mais « l'esprit et la volonté de toutes ces générations nouvelles, élevées « dans l'amour de la patrie et de la liberté, de ces jeunes « et innombrables réserves de la démocratie républicaine for- « mées à l'école de la science et de la raison et qui opposeront à « l'esprit rétrograde l'insurmontable obstacle des intelligences « libres et des consciences affranchies. »

DEDIEU JEUNE,

Maire de Villeurbanne (Rhône).

IMPRIMERIE P. PERRELLON, GRANDE RUE DE LA GUILLOTIÈRE, 28.

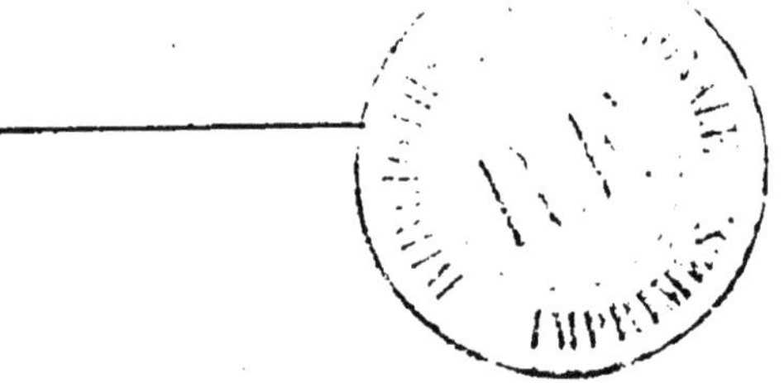

DU MÊME AUTEUR :

LA RÉPUBLIQUE ET LES INTRANSIGEANTS

www.ingramcontent.com/pod-product-compliance
Ingram Content Group UK Ltd.
Pitfield, Milton Keynes, MK11 3LW, UK
UKHW020408250726
13967UKWH00006B/2536